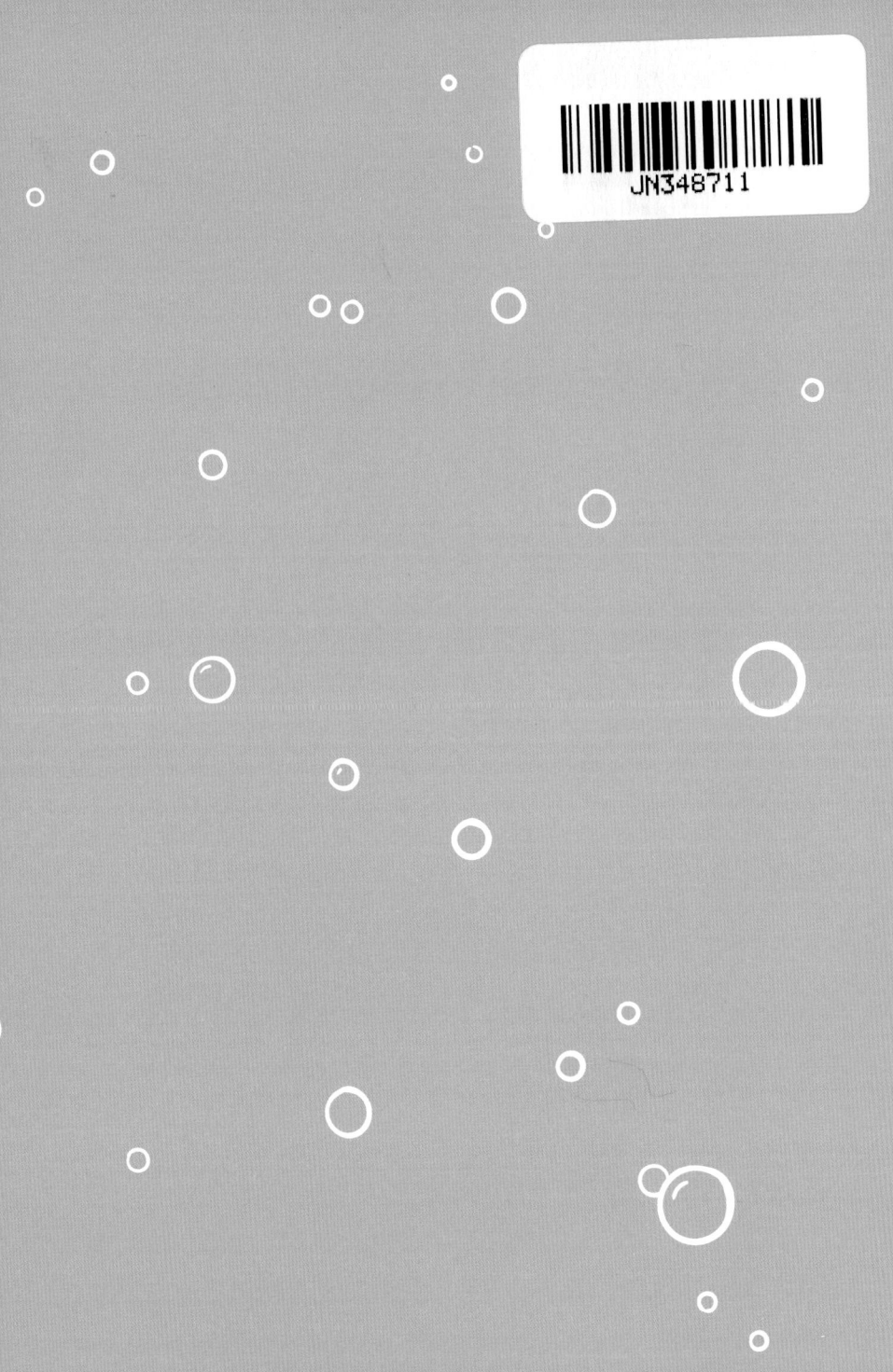

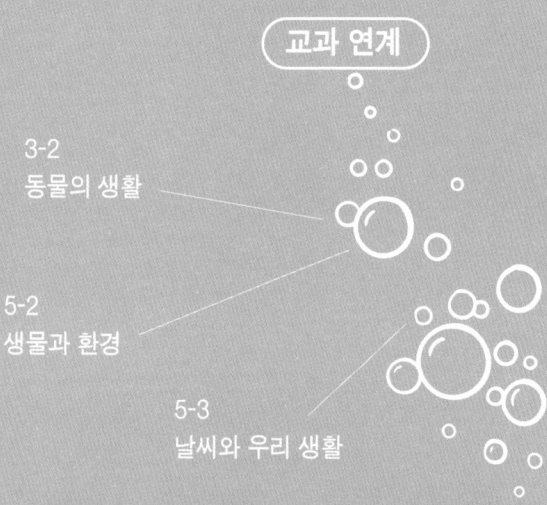

교과 연계

3-2
동물의 생활

5-2
생물과 환경

5-3
날씨와 우리 생활

글·그림 백명식

강화에서 태어나 서양화를 전공하고 출판사 편집장을 지냈습니다. 어린이들이 좋아하는 책을 쓰고 그릴 때 행복하답니다. 쓰고 그린 책으로 《사이다 탐정》 시리즈, 《돼지 학교》 시리즈, 《인체 과학 그림책》 시리즈, 《맛깔 나는 책》 시리즈, 《저학년 스팀 스쿨》 시리즈, 《명탐정 꼬치》 시리즈, 《냄새 나는 책》 시리즈, 《미생물 투성이 책》 시리즈, 《좀비 바이러스》 시리즈, 《안녕! 한국사》 시리즈, 《나는 나비》 등이 있습니다. 소년한국일보 일러스트상, 소년한국일보 출판부문 기획상, 중앙광고대상, 서울 일러스트상을 받았습니다.

감수 와이즈만 영재교육연구소

창의 영재수학과 창의 영재과학 교재 및 프로그램을 개발했습니다. 구성주의 이론에 입각한 교수학습 이론과 창의성 이론 및 선진 교육 이론 연구 등에도 전념하고 있습니다. 국내 최고의 사설 영재교육 기관인 와이즈만 영재교육에 교육 콘텐츠를 제공하고 교사 교육을 담당하고 있습니다.

④ 라이벌 콜라 탐정의 등장

1판 1쇄 인쇄 2024년 1월 15일
1판 1쇄 발행 2024년 2월 5일

글·그림 백명식 | **발행처** 와이즈만 BOOKs | **발행인** 염만숙
출판사업본부장 김현정 | **편집** 원선희 양다운 이지웅
디자인 위드 | **마케팅** 강윤현 백미영 장하라

출판등록 1998년 7월 23일 제1998-000170 | **제조국** 대한민국
주소 서울특별시 서초구 남부순환로 2219 나노빌딩 5층
전화 마케팅 02-2033-8987 편집 02-2033-8928 | 팩스 02-3474-1411
전자우편 books@askwhy.co.kr | **홈페이지** mindalive.co.kr | **사용 연령** 8세 이상
ISBN 979-11-92936-29-1

© 2024, 백명식
이 책의 저작권은 백명식에게 있습니다.
저자와 출판사의 허락 없이 내용의 일부를 인용하거나 발췌하는 것을 금합니다.
잘못된 책은 구입처에서 바꿔 드립니다.

와이즈만 BOOKs는 (주)창의와탐구의 출판 브랜드입니다.
KC마크는 이 제품이 공통안전기준에 적합하였음을 의미합니다.

기후 위기 해결사
사이다 탐정
4 라이벌 콜라 탐정의 등장

백명식 글·그림
와이즈만 영재교육연구소 감수

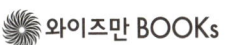

등장인물

사이다 탐정

탐정 학교 1기를 수석으로 졸업한 뒤, 헬스푸드시에서 탐정으로 일하고 있다. 사이다처럼 시원하고 명쾌한 성격이다. 가장 기분 좋은 순간은 사건을 해결하고 톡 쏘는 사이다를 하늘에 닿을 만큼 시원하게 내뿜을 때!

버거

사이다 탐정의 친구이자 조수. 가업을 이어 밀 농사를 지을 뻔했지만 우연히 사이다 탐정을 만난 후 탐정이라는 직업에 매력을 느끼고 헬스푸드시에 오게 됐다. 얼핏 보면 조금 둔해 보이지만, 중요한 순간에 사이다에게 도움을 주는 존재.

봉이

무엇이든 고쳐 주고 만들어 주는 만능 키! 기발한 발명품으로 사이다 탐정을 도와준다. 부엉이라서 보통은 낮에 자지만, 호기심 많은 성격으로 흥미로운 일이 있으면 언제든지 열일하는 워커홀릭.

콜라 탐정

사이다 탐정과 같은 탐정학교 졸업생이자 라이벌. 헬스푸드시 옆 그린 시티에 발령받아 근무하던 중 헬스푸드시가 위험에 처한 걸 알고 출동한다. 시원 짜릿한 추리력이 특징!

달이와 꾸리

사이다 탐정과 콜라 탐정의 수사 대상에 오른 용의자.

드르렁 코를 골던 버거가 소리를 지르며 깼어요.
"버거! 무슨 일이야! 악몽이라도 꿨어?"
버거가 식은땀을 흘리며 말했어요.
"휴, 비가 얼마나 쏟아지던지
온몸이 다 젖는 줄 알았어."
버거의 꿈처럼 창밖에는 비가
주룩주룩 내리고 있었어요.

버거는 비 오는 날을 끔찍하게 싫어했어요.

"패션은 사치, 일단 신고 보자!"

　버거의 모습을 지켜보던 사이다 탐정의 휴대폰이 요란하게 울렸어요.
　"마카롱 시장님이야. 오늘은 또 무슨 일이실까?"
　그런데 전화를 받은 사이다 탐정의 표정이 순식간에 어두워졌어요.
　"네, ……네, 네!"
　"사이다, 무슨 일이야?"
　"버거, 서둘러야겠어!"

사이다 탐정과 버거가 시청으로 달려갔어요. 마카롱 시장님이 초조한 얼굴로 두 사람을 맞이했어요.

"시장님, 비가 많이 내리긴 하지만, 헬스푸드시는 배수 시설이 잘 돼 있어 괜찮을 겁니다."

이미 상황을 파악한 사이다 탐정이 마카롱 시장님을 안심시켰어요. 하지만 시장님은 금방이라도 숨이 꼴깍 넘어갈 것 같았죠.

"벌써 장마가 시작됐나 봐요! 계속 물이 불어나 시청 아니, 헬스푸드시 전체가 다 잠기면 어쩌죠?"

그때 버거가 말했어요.

"시장님, 그런데 장마보다는 집중 호우 같은데요?"

> 장마철에 집중 호우가 자주 발생하지만, 둘은 비슷한 듯 달라요.

종류	장마	집중 호우
시기	여름철인 6월 말에서 7월 말 사이	여름철에 많이 발생하지만 기후 변화로 인해 시기를 정확히 알 수 없음
원인	장마 전선에 의해 발생함	장마 전선, 태풍, 지구 온난화로 인한 기후 변화 등 다양한 이유로 발생함
강수량	장마 기간 동안 내린 전체 강수량을 잼. 약 350~400밀리미터	한 번 폭우로 쏟아지는 강수량을 잼. 시간 당 약 40밀리미터 이상

장마가 이런 느낌이라면,

집중호우는 이런 느낌!

외나무다리에서 원수라도 만난 것처럼 사이다 탐정과 콜라 탐정 사이에 금세 불꽃이 튀었어요.
"콜라 탐정, 여긴 내 구역이야!"
"구역이 무슨 상관? 기후 문제는 내가 전문가야!"
"헬스푸드시는 내가 더 잘 알거든!"
그 모습을 보던 마카롱 시장님의 볼이 점점 달아올랐어요. 시장님이 두 손을 불끈 쥐며 소리쳤어요.

마카롱 시장님이 단호한 목소리로 말했어요.
"좋아요, 두 사람에게 똑같이 사건을 의뢰하겠어요. 먼저 해결하는 탐정에게 '헬스푸드시 최고 탐정상'을 수여하겠습니다."

콜라 탐정의 눈빛이 번쩍였어요.

'최고 탐정상은 놓칠 수 없지!'

사이다 탐정도 주먹을 꽉 쥐었어요.

'최고 탐정? 이번엔 무조건 이겨야지!'

부아앙! 요란한 엔진 소리와 함께 사이다 탐정이 탄 자동차가 시청을 빠져나갔어요. 오토바이를 탄 콜라 탐정도 점점 속력을 높였어요.

"사이다 탐정한테 뒤쳐지면 콜라 탐정이 아니지!"

퀴즈

사이다 탐정과 버거가 사건 현장에 도착했어요. 상인들은 비에 떠내려간 물건을 찾느라 바빴어요. 가게에서 잃어버린 물건을 찾아 연결해 보세요.

사이다 탐정은 가장 먼저 상인회 대표인 펭귄 사장을 만났어요. 펭귄 사장이 얼굴을 찌푸리며 말했어요.
"어휴, 하늘에 구멍이라도 난 듯 비가 퍼부었다니까요. 그런데 이상해요. 요즘 비가 아무 때나 쏟아지긴 했지만, 이틀 전에는 배수가 잘 되었거든요."
"비가 더 많이 내렸는데 피해가 없었다고요?
버거, 피해가 가장 심한 곳으로 가 보자!"
사이다가 말했어요. 그때 펭귄 사장이 "잠깐만!" 하고 소리쳤어요.

사이다 탐정과 버거가 노를 저으며 이곳저곳을 둘러보았어요.
"헬스푸드시가 흙탕물에 잠긴 것 같아."
버거가 걱정 가득한 목소리로 말했어요.
"헬스푸드시는 일 년 내내 기후 변화가 적어서 살기 좋은 곳이었는데, 몇 년 전부터 갑자기 비가 쏟아지고 있어. 그래서 배수 시설도 철저히 점검했는데, 대체 무슨 일이 일어나고 있는 걸까?"

그때 익숙한 얼굴이 보였어요.

"엇! 달이 사장이잖아!"

인형 가게 주인인 달이 사장이 흙탕물에서 수영을 하고 있는 게 아니겠어요? 사이다 탐정이 깜짝 놀라 소리쳤어요.

"이곳은 위험합니다!"

달이 사장의 손에는 인형들이 들려 있었어요.

"후유, 가게가 침수되어 인형들이 여기까지 떠내려 왔지 뭐예요. 배수구를 막고 있던 피에로 인형을 꺼냈으니, 이제 물이 빠질 거예요."

"피에로 인형이요?"

"네, 어린이날 기념으로 딱 두 개만 만든 인형인데, 여기서 찾았다니까요!"

"그럼 저는 바빠서 이만."
달이 사장은 다시 두리번거리며 인형을 찾아 헤엄쳐갔어요.

새로운 단서

사이다 탐정과 버거가 아직 빗물이 덜 차오른 곳에서 사건을 조사하고 있을 때였어요. 오토바이 한 대가 물을 튀기며 둘 앞에 섰어요.

때마침 사이다 탐정의 휴대폰이 요란하게 울렸어요.

탐정님, 드디어 봉이 41호를 완성했어요!

사이다 탐정이 들뜬 목소리로 말했어요.
"알겠어, 지금 바로 갈게!"

사이다 탐정과 버거가 보트를 타고 상점 거리로 돌아갔어요. 그런데 분위기가 심상치 않았어요.

무슨 일이지?

?

설마, 믿을 수 없어!

정말이야?

"자, 조금씩만 비켜 주세요!"

소시지 경찰과 양배추 경찰이 붙잡고 있는 사람은 다름 아닌 달이 사장님이었어요!

"전 아무 짓도 하지 않았어요! 정말이에요!"

아까 인형을 주우러 갔는데, 어떻게 여기에······.

콜라 탐정을 발견한 사이다 탐정이 소리쳤어요.
"이봐, 달이 사장을 무슨 죄로 체포하는 거지?"
콜라 탐정이 의기양양한 목소리로 말했어요.
"이럴 줄 알았어. 아직도 수사를 못 했군! 달이 사장이 바로 범인이라고!"

달이 사장이 범인이란 증거는 무려 세 개나 있지!

세 개나 있다고?

"첫째, 마을의 배수구가 달이 사장이 만든 인형으로 막혀 있었다! 둘째, 달이 사장은 직접 인형을 만든다! 즉, 다른 곳에선 살 수 없지. 셋째, 다른 사람이 한번에 인형을 많이 사 간 영수증이 없다!"

자신만만한 콜라 탐정과 달리 사이다 탐정의 머리에서는 김빠진 탄산가스만 뿜어져 나왔어요.

"이제 포기하는 게 어때? 이미 승부는 끝났다고! 헬스푸드시 최고 탐정은 바로 나야! 하하하!"

콜라 탐정이 달이 사장을 태운 경찰차를 이끌며 외쳤어요. 콜라 탐정의 말에 버거가 흥분하며 말했어요.

"으! 저 모습을 그냥 두고 볼 거야? 억울해!"

사이다 탐정은 무언가 석연치 않았지만, 또 달이 사장이 범인이 아니란 확실한 증거도 찾지 못한 상태였어요. 사이다 탐정이 낮은 목소리로 중얼거렸어요.

"아직 승부는 끝나지 않았어……!"

사이다 탐정과 버거가 서둘러 봉이의 연구실로 향했어요. 봉이가 호들갑스럽게 사이다 탐정과 버거를 맞이했어요.

사이다 탐정의 표정이 어두웠어요.
"아직 달이 사장의 문제도 해결하지 못했는데, 어쩌지? 이 정도 양이라면 산사태가 일어날 수도 있어."
"겨우 빗물에 땅이 무너져 내린다고?"
버거는 잘 이해가 되지 않았어요.
그때 눈만 조용히 꿈뻑이던 부엉봇이 다시 지식을 줄줄 쏟아냈어요.
"나는 부엉봇! 산사태가 궁금하다면 내가 알려준다뷩! 산사태가 나면 밀려 내려오는 흙의 속도는 최고 40킬로미터! 사람이 달리는 속도보다 훨씬 빠르다뷩! 사진을 제공한다뷩!"
그 순간 벽면에 헬스푸드시의 '짱짱산'이 비쳤어요.

산사태가 나는 과정을 함께 보자봉!

❶ 산이 무너져요.

❷ 큰 바위나 나무를 뽑으며 흘러 내려가요.

❸ 흙과 바위가 건물을 덮쳐요.

시간이 부족해! 힌트를 찾으면 버거랑 따로 움직여 범인을 잡아야겠군!

흙더미를 피할 틈도 없이 도시가 묻혀 버리겠어!

후유, 그런데 왜 이렇게 힘들지? 비를 너무 많이 맞았나?

퀴즈

버거가 에너지를 보충하려고 해요. '챱챱버거' 가게 안에 있는 버거를 찾아 보세요.

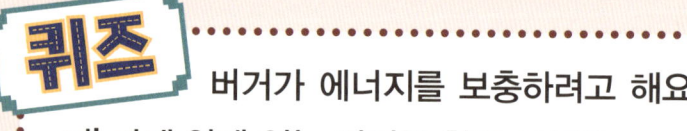

사이다 탐정과 버거가 경찰서에 왔어요.

"소시지 경찰관님, 달이 사장의 증거물이 있나요?"

소시지 경찰이 커다란 박스를 탁자 위에 턱 올리며 대답했어요.

"네, 이게 다 배수구를 막고 있던 인형입니다."

사이다 탐정이 인형을 들춰 보다가 잠시 생각에 잠기길 반복하더니 한마디 던졌어요.

"흠, 아무 인형이나 막 집어넣은 것 같지는 않군요."

　자신이 찾지 못한 힌트를 사이다 탐정이 단번에 말하자, 소시지 경찰이 호기심 가득한 눈으로 물었어요.

　"뭘 찾으신 겁니까?"

　"하하! 그건 아니지만, 누군가 달이 사장에게 범행을 뒤집어씌우려고 꾸몄을 가능성도 있지 않을까요? 범인이 확실히 밝혀지기 전까지 모든 가능성은 열려 있는 법!"

　사이다 탐정은 인형을 분류해 보기로 했어요.

　"흠, 인형은 동물 모양과 동물 모양이 아닌 것으로 나눌 수 있겠군."

　버거가 팔을 걷어붙였어요.

　"이건 나한테 맡겨!"

동물 인형을 빼고 남은 것들은 삐뚤빼뚤하기도 하고, 배배 꼬여 있기도 했어요.

"이건 비슷하게 생겼고. 아냐, 아냐. 다른 것 같기도 하고 말이지!"

구부러진 인형을 든 버거가 이리저리 둘러보며 고개를 갸웃했어요. 사이다 탐정이 말했어요.

"모양이 다 제각각이지만 어디서 본 것 같지 않아?"

사이다 탐정의 눈이 자신감으로 번뜩였어요.

"글자 인형이잖아! 이것들을 조합해 보면 범인에 대한 힌트를 얻을 수도 있어."

"아하, 설마 이름을 남겼을까? 다른 힌트일까?"

"같이 맞혀 보자!"

얼마나 시간이 흘렀을까요? 사이다 탐정과 버거의 눈이 휘둥그레졌어요. 드디어 범인의 모습이 드러나는 순간이었어요!

범인이 남긴 수수께끼

취조실에서는 콜라 탐정이 달이 사장을 조사하고 있었어요.

퀴즈

콜라 탐정도 자음과 모음을 조합해 5개의 단어를 만들었어요. 숨어 있는 아래의 단어를 찾아보세요.

게	장	깡	버	이	콜	날	코
록	끄	마	개	참	비	헬	초
동	굴	구	꼬	러	개	스	라
캉	리	다	깨	로	꼬	푸	래
후	거	미	범	인	리	드	파
타	다	이	추	호	사	시	박
끼	기	꾸	개	집	중	호	우
로	고	르	리	굴	루	리	참

가로세로, 대각선으로 숨은 글자를 찾아봐.

사이다 탐정이 취조 전 수첩과 펜을 꺼냈어요. 그 모습을 본 콜라 탐정이 빈정거렸어요.

아직도 수첩을 쓴단 말야?

이게 어때서? 필기는 추리의 기본이라고.

한편, 꾸리 사장은 어리둥절한 표정이었어요. 콜라 탐정이 날카로운 목소리로 말했어요.

"이번 사건에서 꾸리 사장과 관련된 증거가 나왔어."

사이다 탐정과 콜라 탐정의 질문은 오랫동안 이어졌어요. 취조를 끝낸 두 탐정의 생각은 각각 달랐어요.

난 꾸리 사장과 관련된 단서가 '이름'이라고 말한 적 없어.

역시 내 예상이 맞았군. 달이 사장이 함정을 만든 거야.

콜라 탐정과 사이다 탐정이 생각에 잠긴 사이, 버거가 사이다 탐정을 재촉하며 말했어요.

"부엉봇이 말한 때가 얼마 남지 않았어! 곧 비가 억수같이 내릴 거라고!"

"뭐라고?"

"또 비가 내린다고요?"

콜라 탐정과 소시지 경찰이 믿지 못하겠다는 듯이 되물었어요.

　사이다 탐정과 버거는 달이
사장의 집으로 향했어요. 그런데 사이다
탐정이 갑자기 식은땀을 흘리기 시작했어요.
"으으, 너무 정신없이 돌아다녔나?"
"사이다가 떨어졌나 봐! 주변에 가게를 찾아볼게."
　버거가 자동차의 핸들을 쌩 돌렸어요.

퀴즈

사이다 탐정과 버거가 자판기를 찾아 공원에 왔어요. 사이다 탐정을 몰래 뒤따라온 콜라 탐정을 찾아보세요.

사이다 탐정이 에너지를 보충한 뒤, 다시 꾸리 사장 집으로 가려고 할 때였어요.
"저건, 달이 사장이 만든 피에로 인형이잖아?"
사이다 탐정의 혼잣말에 고양이 소녀들이 서로 자랑하듯 인형을 보여 줬어요.
"정말 귀엽죠? 어떤 사람은 저희한테 인형을 대신 사 달라고 부탁도 했는걸요! 심부름 선물로 받은 거예요!"

사이다 탐정의 눈빛이 날카롭게 빛났어요.
"그 사람 얼굴을 기억해?"

"얼굴을 양산으로 가리고 있어서 못 봤는데……."
　사이다 탐정이 사진 한 장을 꺼내 보이며 물었어요.
"양산은 무슨 색깔이었어? 노란색?"
"기억은 안 나지만, 이쪽으로 가는 걸 봤어요!"

퀴즈

헬스푸드시에는 비슷하게 생긴 집이 많아요. 꾸리 사장의 집을 찾아보세요.

내가 찾던 빨간색 우편함이 있는 집!

한편, 어깨가 축 쳐진 꾸리 사장을 본 시민들은 안타까운 표정을 지었어요.

"범인으로 몰려 조사를 받았대."

"장사도 안 되는데 불쌍해."

"힘이 없는 것도 당연해."

어느새 비가 추적추적 내리기 시작했어요. 집이 점점 가까워지자 꾸리 사장의 입가에 미소가 번졌어요.
"후후, 바보같은 놈들."

"너무 쉬운 게임이라 장난친 것도 못 알아채다니."

 꾸리 사장은 집 안을 휙 둘러보더니 만족스러운 표정을 지었어요.
 "나뭇잎과 쓰레기로 배수구를 더 막았으니, 헬스푸드시가 물에 잠기는 것도 얼마 남지 않았어! 흐흐!"

"축제를 위해 옷을 갈아입어 볼까?"
신이 난 꾸리 사장이 콧노래를 부르며 옷장 문을 힘껏 열었어요. 그때였어요! 인형들이 우르르 쏟아지더니 사이다 탐정이 불쑥 튀어나왔어요!
"과연 그렇게 될까?"

헉! 사이다 탐정!

깜짝 놀란 꾸리 사장이 도망치려고 하자, 사이다 탐정이 발을 걸어 쓰러뜨렸어요.

음모는 다 밝혀졌어. 꾸리 사장! 당신이 피에로 인형도 가지고 있었지?!

사이다 탐정이 꾸리 사장의 단추를 쳐다봤어요.
"이 단추는 피에로 인형에만 있는 거지. 당신은 옷에 단추가 떨어지자 무심코 피에로 인형의 단추를 떼어서 달았던 거야!"

앞뒤로 세 개는 노란색 단추, 한 개만 피에로 인형의 빨간색 단추!

꾸리 사장은 태연한 척 말했어요.
"쳇, 똑같은 단추가 어디 한둘인가?"

"조사에서 달이 사장이 남긴 단서가 당신을 가리킨다고 말했지만, 그게 이름이라고는 말 안 했지.

"단서가 이름이란 걸 아는 자는 현장에 인형으로 자기 이름을 남긴 자뿐이야!"

"게다가 조금 전에 분명히 '다음에는 헬스푸드시가 물에 잠길 거야.'라고 말했어. 내가 다 기록해 뒀다고."

헉!

흥! 그래서 이 수첩이 유일한 증거란 말이지?

꾸리 사장이 긴 혀를 뻗어 사이다 탐정의 수첩을 가로챘어요.

증거? 그게 어디 있는데?

뭐 하는 짓이야!

쯧쯧. 옛날 방식은 이래서 안 좋다니까.

"대화 내용은 녹음해 두는 게 원칙인 거 몰라?"

사이다 탐정을 미행하던 콜라 탐정이 어느새 쫓아와 한심하다는 듯 말했어요.

"어쨌든 꾸리 사장을 범인으로 지목한 건 나야!"

사이다 탐정도 물러서지 않았어요.

"결정적 증거는 내 손에 있어!"

콜라 탐정과 사이다 탐정의 목소리가 점점 커졌어요.

굳게 닫힌 문은 아무리 두드려도 꿈쩍도 하지 않았어요.
"꼼짝없이 갇히고 말았군. 탐정으로서 체면이 안 서지만, 구조 요청을 하는 게 빠르겠어!"
사이다 탐정의 말에 콜라 탐정이 당황했어요.
"그럴 시간 없어. 이 소리 안 들려?"

쏴아아

추적추적 내리던 비는 어느새 집중호우로 변해 퍼붓듯이 쏟아지고 있었어요. 금세 집 안까지 물이 차올랐어요.

여긴 외딴 곳이야. 주변에 누군가 있다고 해도 이미 대피했을 거야. 하지만 방법이 있지.

으악!

"운 좋게도 오늘 캔 사이다를 잔뜩 샀거든."
콜라 탐정도 별다른 방법이 없었어요. 두 탐정은 허겁지겁 사이다를 마신 후, 몸을 마구 흔들었어요.

퀴즈 탈출에 성공한 두 탐정이 꾸리 사장을 잡으러 가요. 장애물을 피해 꾸리 사장을 쫓아가 보세요.

두 탐정을 피해 도망친 꾸리 사장은 짱짱산 정상에서 기분 좋은 상상에 잠겨 있었어요.
"훗, 이제 헬스푸드시는 없어. 이곳은 머지않아 '초록 개구리 마을'로 완전히 바뀔 거야."

이야호! 개구리의 새 세상이야!

꾸리 사장은 축축한 늪, 커다란 바위, 시원한 숲에서 개구리 친구들과 뛰노는 생각만으로 신이 났어요. 그런 날이 코앞에 다가온 것 같았지요. 꾸리 사장이 콧구멍을 찡긋, 입꼬리를 씰룩거렸어요.

헬스푸드시에 비가 잔뜩 쏟아지고 있었지만, 마을은 평화로웠어요.

큰 비가 그친 뒤, 어느 날이었어요. 마카롱 시장님은 사이다 탐정을 '헬스푸드시 최고 탐정'으로 임명했어요. 모두 축하의 박수를 보냈어요. 딱 한 명, 콜라 탐정만 빼고 말이지요.

탐정 일지

내일은 집중 호우로 인한 문제는 없는지
헬스푸드시를 둘러봐야겠다.
시민들에게 기후 변화로 갑작스럽게
또 비가 내릴 수도 있다는 것도 알려줘야지.

그런데 콜라 탐정……!
까무잡잡한 피부에,
잘난 척하는 말투는 여전하더군. 첫.
콜라 탐정한테 또 지는 줄 알고
마음속으로 얼마나 초조했는지.

탐정학교 수석졸업은 콜라 탐정이 했지만
헬스푸드시 최고 탐정은 바로 나, 사이다라고!

퀴즈 정답

16~17쪽

36~37쪽

44~45쪽

54~55쪽

58~59쪽

74~75쪽

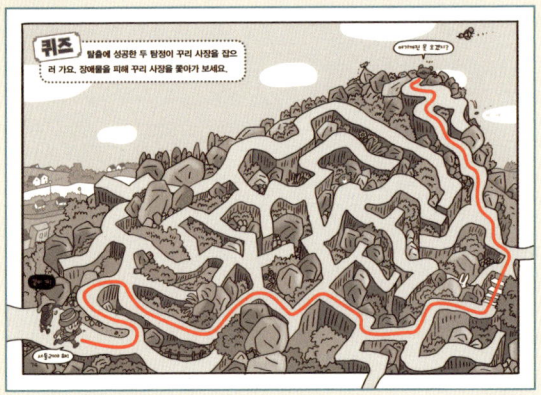

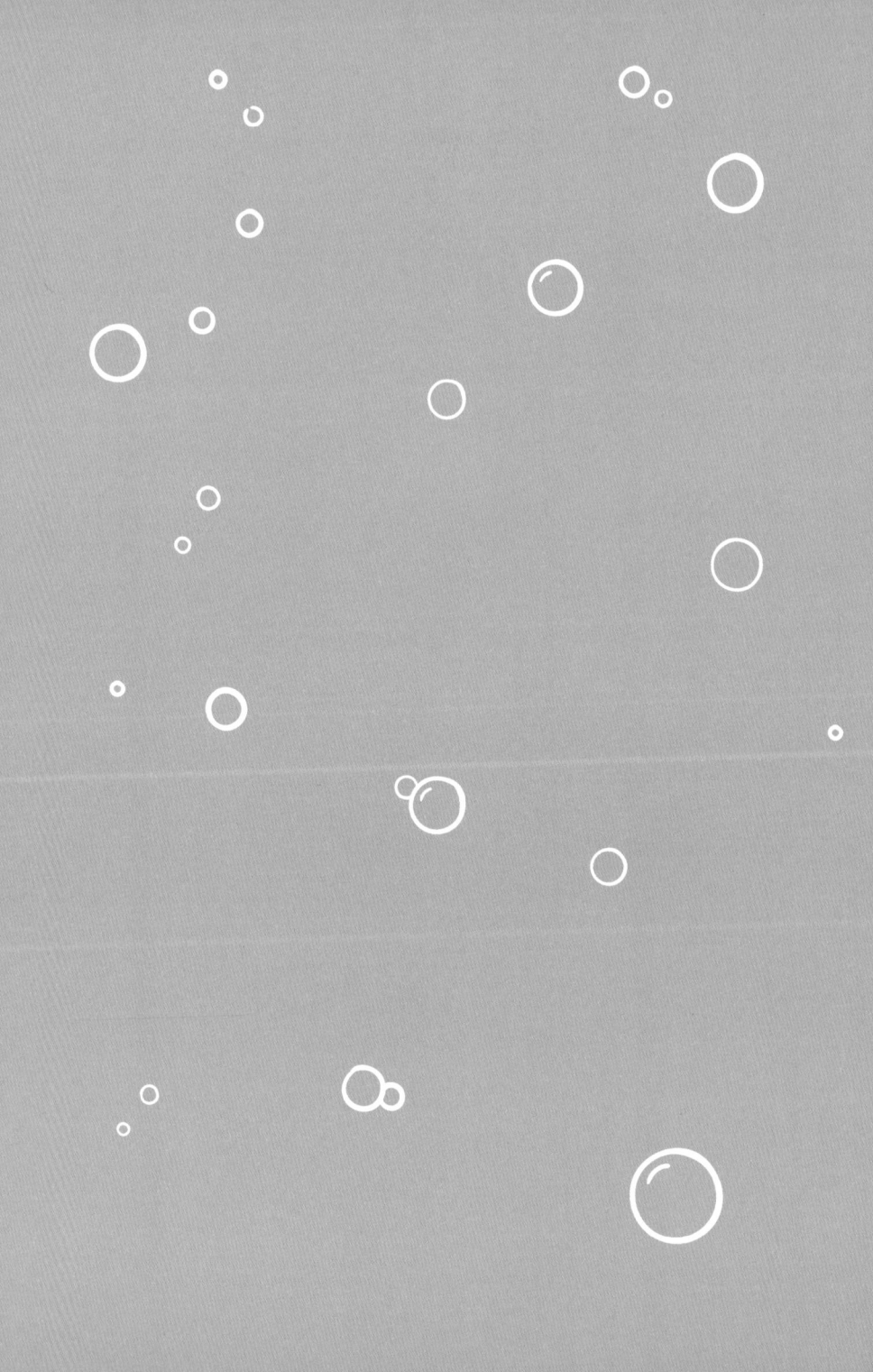